VENTE ✦ ✦ ✦ ✦ ✦ ✦

du Mercredi 31 Janvier 1906

Hôtel Drouot, Salle n° 7 ✦ ✦

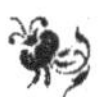

Beaux Livres

Dessins - Aquarelles

Lithographies

Mᵉ Maurice DELESTRE, Commissaire-Priseur

M. A. DUREL, Libraire-Expert ✦ ✦ ✦ ✦ ✦

LA LIBRAIRIE A. DUREL

fait paraître tous les deux mois

L'INTERMÉDIAIRE DES BIBLIOPHILES "

CATALOGUE

DE

LIVRES ANCIENS

ET MODERNES

RARES, CURIEUX OU SINGULIERS

en tous genres

EN VENTE AUX PRIX NETS MARQUES

Ces Catalogues sont envoyés *franco* à toute personne qui en fait la demande par lettre affranchie.

L'envoi régulier n'en est cependant assuré qu'aux personnes qui nous honorent parfois de leurs ordres.

DIRECTION DE VENTES PUBLIQUES

DE

LIVRES ANCIENS & MODERNES

AUX CONDITIONS LES PLUS AVANTAGEUSES

ACHAT DE BIBLIOTHÈQUES

ET DE

LIVRES RARES & PRÉCIEUX

AU MAXIMUM DE LEUR VALEUR

Arras. — Imp. Schoutheer Frères, rue des Trois-Visages, 53.

CATALOGUE

DE BEAUX

LIVRES MODERNES

ET DE QUELQUES

LIVRES ANCIENS

LA VENTE AURA LIEU

LE MERCREDI 31 JANVIER 1906

A deux heures très précises de l'après-midi

HOTEL DES COMMISSAIRES-PRISEURS, 9, RUE DROUOT

Salle n° 7, au premier étage

Par le Ministère

de Mᵉ MAURICE DELESTRE ✳, Commissaire-Priseur

5, RUE SAINT-GEORGES, 5 (IXᵉ

Assisté de M. A. DUREL, O. I. ❂ Libraire-Expert

21, Rue de l'Ancienne-Comédie, 9-11, Passage du Commerce (VIᵉ)

CONDITIONS DE LA VENTE

La vente se fera au comptant.

Les acquéreurs paieront **10 p. 100** en sus des adjudications.

Les livres devront être collationnés dans les vingt-quatre heures de l'adjudication. Passé ce délai, ils ne seront repris pour aucune cause.

M. A. DUREL, **chargé de la vente, remplira aux conditions d'usage, les commissions des personnes qui ne pourraient y assister.**

M. A. DUREL **se réserve la faculté, dans l'intérêt de la vente, de réunir ou de diviser les numéros du Catalogue.**

CATALOGUE

DE BEAUX

LIVRES MODERNES

ET DE QUELQUES

LIVRES ANCIENS

Dessins — Aquarelles — Gravures
Lithographies

Aline. *Édition des Amis des Livres*, 1887, in-8, mar.— **Bouilhet**. Melaenis. *Société Normande du Livre illustré.*— **Coppée**. Le Passant. *Collection des Dix*, superbe reliure de *Ruban.*— Poésies de **Coppée**, exempl. sur Chine, eaux-fortes de Boilvin. — **Fénelon**. Télémaque, 4 vol. grand papier, figures de Lefebvre avant lettre et eaux-fortes. — **Th. Gautier**. Jean et Jeannette. *Édition Ferroud*, 3 états, rel. de *Ruban.* — **Th. Gautier**. Mademoiselle de Maupin. *Édition Conquet*, 2 vol. Japon, 2 états. — **Goudeau**. Paris qui Consomme. — **V. Hugo**. Chants du Crépuscule, aquarelles originales de F. Bourdin. — **J. Janin**. Œuvres diverses, exempl. sur peau de vélin. — Livre d'Heures de Legrand. — **Le Sage**. Gil Blas, 1747, 4 vol. mar. bleu. (*Capé*). — **L'Hôpital**. Foires et Marchés Normands. — **Roger Marx**. La Loïe Fuller.— **Maupassant**. Contes choisis. *Édition des Bibliophiles Contemporains*, aquarelles originales de Oudard. — **Maupassant**. Le Vagabond. *Édition des Amis des Livres.* — **Mérimée**. Chronique de Charles IX. *Édition Testard*, rel. de *Marius-Michel.* — Molière, illustrations de Leman et Leloir, *exemplaire sur Chine.* — Villon, *Édition Conquet*, exemplaire sur Chine, dessins originaux de Forain, Willette, etc.

PARIS

A. DUREL, LIBRAIRE

21, RUE DE L'ANCIENNE-COMÉDIE, 21

9 ET 11, PASSAGE DU COMMERCE, (VIe ARR.)

1906

ORDRE DE LA VACATION

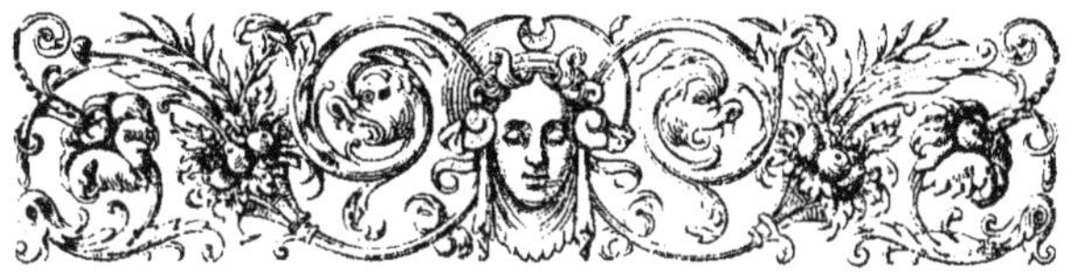

CATALOGUE

DE BEAUX

LIVRES MODERNES

ET DE QUELQUES

LIVRES ANCIENS

---

1. **Adam** (Paul). Lettres de Malaisie, roman. *Paris, Editions de la Revue Blanche*, 1898, in-12, demi-rel. dos et coins de mar. La Vall. foncé, tête dor. non rog. (*Thierry*).

   Edition originale avec la couverture.
   L'un des **20** exemplaires sur **papier vélin** imprimés pour la **Société des XX** (n° 17).

2. **Alexandre** (Arsène). Les Reines de l'Aiguille, modistes et couturières. (Etude parisienne). Illustrations dessinées et gravées par François Courboin. *Paris, Théo. Belin*, 1902, in-8, cart. de soie à fleurs, non rog. couv. (*Carayon*).

   L'un des **200** exemplaires sur **papier vélin** d'Arches (n° 269).

3. **ARÈNE** (Paul). Jean-des-Figues avec une eau-forte d'Emile Benassit. *Paris, A. Lacroix Verboeckhoven et Cie*, 1870. in-12, front. mar. vert jans., fil. à l'int. avec ornem. aux angles, doublures et gardes de soie à ramages, tr. dor. sur broch. (*Marius Michel*).

   Edition originale avec la couverture.
   Envoi autographe de l'auteur (le nom du destinataire a été gratté).
   Très bel exemplaire.

4. **Arène** (Paul). La Vraie tentation du grand Saint-Antoine. Contes de Noël, racontés par Paul Arène et illustrés par Vallon, Bastien Lepage, Léonce Petit, Sahib, Rochegrosse, etc... *Paris, G. Charpentier*, 1880, in-4, fig. cart. dos et coins de perc. non rog. couv. (*Carayon*).

5. **Arioste**. Roland Furieux, traduction nouvelle et en prose par M. V. Philippon de la Madelaine. Edition illustrée de 3oo vignettes et de 25 magnifiques planches tirées à part sur Chine par MM. Tony Johannot, Baron, Français et C. Nanteuil. *Paris, J. Mallet,* 1844, gr. in-8, demi-rel. dos et coins de mar. rouge, dos orné, tête dor. non rog. (*Vᵉ Brany*).

Premier tirage.

6. **Asselineau** (Charles). L'Enfer du Bibliophile. *Paris, J. Tardieu,* 186o, pet. in-12, papier vélin, 72 pages, demi-rel. dos et coins de mar. vert, tête dor. ébarbé.

7. **Autrefois ou le bon vieux temps,** types français du dix-huitième siècle. Texte par MM. Ph. Audebrand, Roger de Beauvoir, E. de Labédollière, P. L. Jacob. etc... Vignettes par MM. Tony Johannot, Th. Fragonard, Gavarni. Ch. Jacques, etc... *Paris, Challamel. s. d.,* (1842). gr. in-8, nombr. vign. dans le texte et 40 pl. tirées à part. cart. de l'éditeur, tr. dor.

Premier tirage.

8. **BAÏF**. Les amours de Ian Antoine de Baïf. A Monseigneur le duc d'Anjou fils et frère de Roy. *A Paris, pour Lucas Breyer,* 1572, in-8, mar. vert, dos orné, fil. et milieux de feuillage dor. à pet. fers, dent. int., doubles gardes, tr. dor. (*Chatelin*).

9. **Balzac**. Histoire de l'empereur racontée dans une grange

par un vieux soldat. Préface de Henry Houssaye. *Paris, Henri Leclerc*, 1904. pet. in-4, fig. en coul. br. couv.

Ouvrage orné d'eaux-fortes en couleurs gravées par Adolphe Lalauze d'après les aquarelles originales de son fils Alphonse Lalauze.
L'un des **100** exemplaires sur **papier vélin** (n° 90) avec une suite des eaux-fortes en noir.

10. **Balzac**. Le Père Goriot. Scènes de la vie parisienne. Dix compositions par Lynch, gravées à l'eau-forte par E. Abot. *Paris, A. Quantin*, 1885, gr. in-8, br. couv.

L'un des **100** exemplaires numérotés sur **papier du Japon** (n° 16) avec deux suites des eaux-fortes.

11. **Beaumont** (E. de). L'Epée et les Femmes par Ed. de Beaumont. Cinq dessins de Meissonier, tirées hors texte. *Paris, D. Jouaust*, 1881, gr. in-8, br. couv.

12. **Béranger**. Œuvres complètes de P. J. de Béranger. Edition unique revue par l'auteur, ornée de 104 vignettes en taille-douce dessinées par les peintres les plus célèbres. *Paris, Perrotin*. 1834, 4 vol. in-8, port. et fig. br. couv.

13. **Berthier** (Général Alexandre). Relation de la bataille de Marengo, gagnée le 25 prairial an 8, par Napoléon Bonaparte... sur les Autrichiens aux ordres du lieutenant-général Melas, rédigée par le général Alex. Berthier... et accompagnée de plans indicatifs... levés géométriquement par les ingénieurs... sous la direction du général Sanson. *Paris, Imp. Impériale*, 1806, in-4, front. avec port. cartes et plans, veau marb., dos orné avec large dent. tr. dor. (*Rel. de l'époque défraichie*).

Exemplaire aux armes de Napoléon I⁻.

14. **Boccace**. Le Décameron de Boccace, traduction complète par Antoine Le Maçon, secrétaire de la Reine de Navarre (1545). *Paris, Isidore Liseux*, 1879, 6 vol. in-18, br. couv.

L'un des **25** exemplaires sur **papier de Chine** (n° 4).

15. **Boccace**. Première (2ᵉ, 3ᵉ, 4ᵉ. 5ᵉ, 6ᵉ, 7ᵉ, 8ᵉ, 9ᵉ, 10ᵉ) journée de Jean Boccace. *Paris, Edition Jouaust*, 1873, 10 fascicules, in-12, fig. br. couv.

> 1 portrait et 10 eaux-fortes par Léop. Flameng.

16. **Boucher** (Jean). De justa Henrici tertii abdicatione e Francorum regno libri quatuor. *Parisiis, apud Nic. Nivellium*, 1589, pet. in-8, veau marbré, dos orné, fil. (*Rel. anc. avec armoiries sur les plats*).

> Pamphlet écrit avec passion par le ligueur Jean Boucher.
> Quelques mouillures.

17. **BOUFFLERS** (Stanislas de). **Aline,** reine de Golconde, conte par le chevalier Stanislas de Boufflers. *A Paris, gravé et imprimé pour la Société des Amis des Livres*, 1887, in-8, mar. orange, doublure de mar. bleu foncé, décoration XVIIIᵉ siècle, bande de mar. bleu. fil. et guirlandes de fleurs formant encadrem., compart. de mar. bleu et ornés aux angles, gardes de soie à ramage, tr. dor. sur brochure, couv. (*Durvand*).

> Edition tirée à **115** exemplaires ornée d'illustrations de Lynch, gravées à l'eau-forte par Gaujean.

18. **BOUILHET** (Louis). Melaenis. Préface de A. Join Lambert. *Evreux, impr. de Charles Hérissey*, 1900, gr. in-8, fig. en couleurs, br., couv.

> Ouvrage tiré à **140** exemplaires (nº 125) publié par la *Société Normande du Livre illustré* : il est orné de gravures en couleurs exécutées par Bertrand sur planches à repérage d'après les aquarelles de Paul Gervais.

19. **Bourget** (Paul). André Cornélis. *Paris, A. Lemerre*, 1887, in-12, br.

> Edition originale, avec la couverture.
> Exemplaire sur **papier Whatman**.

20. **Bourget** (Paul). Mensonges. *Paris, A. Lemerre*, 1887, in-12, br.

> Edition originale, avec la couverture.
> Exemplaire sur **papier Whatman**.

2 1. **Brantôme**. Les sept discours touchant les dames ga-
lantes du sieur de Brantôme publiés sur les manuscrits de
la Bibliothèque Nationale par Henri Bouchot. Dessins
d'Edouard de Beaumont, gravés par E. Boilvin. *Paris, D.
Jouaust*, 1882, 3 vol. in-8, portr. et fig., demi-rel. mar.
bleu, dos ornés, têtes dor., non rog.

> L'un des **20** exemplaires sur **papier de Chine** (n° 27) avec 2 états des
> figures, dont l'avant lettre.

2 2. **Cervantès**. L'ingénieux hidalgo Don Quichotte de la
Manche par Miguel de Cervantès Saavedra, traduit et
annoté par Louis Viardot. Vignettes de Tony Johannot.
Paris, J.-J. Dubochet et Cie, 1836, 2 vol. gr. in-8, fig.,
demi-rel. dos et coins de chag. noir, tr. jasp.

> Exemplaire de premier tirage.

2 3. **Champagnac**. Les Matinées du printemps ou les récits
de la Pépinière. Faits historiques et anecdotiques formant
une nouvelle morale en action. *Paris, Lehuby*, 1847, gr.
in-8, cart. de bas. rouge, plats couverts de compart. mosaïqués rouge, vert et noir, sur fond or, tr. dor. (*Rel. de
l'éditeur*).

> Curieux cartonnage romantique.

2 4. **Champsaur** (Félicien). Masques modernes. Frontispice
par Félicien Rops. *Paris, E. Dentu*, 1889, in-12, mar.
rouge, orchidée en mosaïque à froid à l'angle du plat
supérieur, fil. à l'int., doublures et gardes de soie à fleurs,
tr. dor. sur brochure, étui (*Ch. Meunier*).

> Edition originale, avec la couverture.
> L'un des **30** exemplaires sur **papier du Japon** (n° 6) contenant le
> **frontispice** de **Rops** en **3 états**, tirés en noir, en bleu et en couleurs.

2 5. **Claretie** (Jules). Récits de guerre. Paris assiégé 1870-
1871. Illustrations par E. Meissonier, A. de Neuville, Ed.

Detaille, P. de Chavannes. Dupray, etc. *Paris, Goupil et Cie, s. d.* (1898). in-4, fig. noires et en couleurs, br. en livraisons.

26. **COPPÉE** (François). **Le Passant.** Comédie en un acte en vers. Reproduction en fac-similé du manuscrit de l'auteur et d'une page de musique de J. Massenet. Compositions de Louis-Edouard Fournier. Eaux-fortes de Léon Boisson. *Paris, Armand Magnier*, 1897, gr. in-8, mar. bleu jans., doublé de mar. citron et de mar. bleu clair, décoration de fil. et fleurettes en mosaïque sertie or, de mar. de diverses nuances, gardes de soie, tr. dor. sur brochure. couv. (*P. Ruban, 1900*).

> L'un des **12** exemplaires sur **papier du Japon** contenant **4 états** des eaux-fortes dont l'eau-forte pure.
> Très riche reliure de Petrus Ruban.

27. **COPPÉE** (François). **Poésies**, 1864-1878. Eaux-fortes par E. Boilvin et Rajon. *Paris, Alph. Lemerre*, 1883-1885, 2 vol. in-4, br., couv.

> Exemplaire sur **papier de Chine**, avec les eaux-fortes de **Boilvin** en double épreuve sur **Japon avant la lettre** et avec marque de l'éditeur, et sur **Chine avant la lettre**.

28. **Coquiot** (Gustave). Les Bals publics. *Paris*, 1896, in-8, br., couv.

> L'un des **50** exemplaires sur **papier Whatman** (nᵒ 4), enrichi de **10 aquarelles originales** de **Vauteyne**.

29. **Coquiot** (Gustave). Les Villas de Paris. *Paris, Librairie de l'Art, s. d.* (1897), pet. in-4, br., couv.

> L'un des **60** exemplaires sur **papier de Hollande** (nᵒ 6) enrichi de **16 aquarelles originales** de **Vauteyne**.

30. **Cormenin** (de). Entretiens de Village. Huitième édition illustrée de 40 gravures d'après les dessins de Daubigny. *Paris, Pagnerre*, 1847, in-12, cart. dos de toile, non rog.

3ı. **Daudet** (Alphonse). Contes choisis avec sept eaux-fortes par E. Burnand. *Paris, D. Jouaust,* 1883, gr. in-8, portr. et fig. demi-rel. dos et coins de mar. brun, tête dor.. non rog.

> L'un des **200** exemplaires sur **papier vélin de Hollande** à la forme (nº ı70).

3ı. **DAUDET** (Alphonse). La Défense de Tarascon. Seize aquarelles d'après Draner. *Paris, L. Conquet,* 1886, in-18, cart. dos et coins de mar. grenat, non rog., couv. (*Champs*).

> Exemplaire sur **papier du Japon**.
> Très rare.

33. **DAUDET** (Alphonse). Fromont jeune et Risler aîné avec de nombreuses illustrations par Georges Roux, gravées sur bois par Froment et Hamel. Edition de luxe accompagnée d'une suite de vingt eaux-fortes gravées par F. Desmoulin. *Paris, E. Testard, G. Charpentier et E. Fasquelle,* 1894, in-8, mar. vert, dos mosaïqué d'une fleurette, doublé de mar. La Vall. foncé, filet, gardes de moire verte, tr. dor. sur brochure, couv., étui (*Ch. Meunier*).

> L'un des **50** exemplaires sur **papier de Chine** (nº 56) contenant les **eaux-fortes** en **3 états** dont l'eau-forte pure.
> On a ajouté à cet exemplaire un portrait à l'eau-forte de H. Toussaint, en 3 états, dont l'un avec remarque.

34. **Daudet** (Alphonse). Tartarin sur les Alpes. Nouveaux exploits du héros tarasconnais. Illustré d'aquarelles par Aranda, de Beaumont, Montenard, de Myrbach, Rossi. Gravures de Guillaume frères. *Paris, Calmann Lévy,* 1885, gr. in-8, br., couv.

> L'un des **100** exemplaires sur **papier du Japon** (nº 3ı) avec le portrait d'Alphonse Daudet.

35. **Daudet** (Alphonse). Tartarin sur les Alpes. Nouveaux exploits du héros tarasconnais. Illustré d'aquarelles par

Aranda, de Beaumont, Montenard, de Myrbach, Rossi.
Gravures de Guillaume frères. *Paris, Calmann Lévy*,
1885, in-8, cart. dos et coins de mar. rouge, dos orné, tête
dor., non rog., couv.

36. **Daudet** (Alphonse). Théâtre. La Dernière Idole. — Les
Absents. — L'Œillet blanc. — Le Frère aîné. — Le Sacri-
fice. — L'Arlésienne. *Paris, G. Charpentier*, 1880, in-12,
br., couv.

L'un des **50** exemplaires sur **papier de Hollande** (nº 4).

37. **Demesse** (Henri). Les Récits du père Lalouette. Illustrations par MM. Albert Bertrand, G. Bigot, H. Giacomelli, Aug. Lançon, Maurice Leloir, Edmond Morin,
Henri Pille, Daniel Vierge. *Paris, P. Ollendorff*, 1882, gr.
in-8, demi-rel. dos et coins de mar. vert olive, dos orné,
tête dor., non rog. (*Thierry*).

L'un des **25** exemplaires sur **papier de Chine** (nº 25).

38. **Demolder** (Eugène). Le Royaume authentique du grand
saint Nicolas. Illustré d'une couverture, d'un frontispice, de
30 croquis de Félicien Rops et de 5 dessins hors texte
d'Etienne Morannes. *Paris, Edition du Mercure de
France*, s. d., gr. in-8, fig., cart. dos et coins de mar. vert
olive, dos orné et mosaïqué, non rog., couv. (*Carayon*).

L'un des **10** exemplaires sur **papier du Japon** contenant les figures
hors texte en **2 états**.

39. **Dive** et E. **Ducéré**. La Belle Armurière ou le siège de
Bayonne au moyen âge. *Paris, G. Hurtrel*, 1886, in-8,
vélin à recouvr., dos orné, fil. noir et rouge encadrant les
plats, tête dor., non rog., couv., emboîtage.

Bel exemplaire dont les plats de reliure sont ornés de **2 charmantes
aquarelles originales**.

40. **Du Camp** (Maxime). Une histoire d'Amour. Un portrait gravé par A. Lamotte, huit compositions de P. Blanchard, gravées par Bulaud. *Paris, L. Conquet*, 1888. in-18, papier vergé, demi-rel. dos et coins de mar. citron, dos orné et mosaïqué, tête dor., non rog., couv. (*Champs*).

41. **FÉNELON**. Les Aventures de Télémaque, fils d'Ulysse, par feu messire François de Salignac la Motte Fénelon. Première édition conforme au manuscrit original. *A Paris, chez F. Delaulne*, 1717, 2 vol. in-12, portr. front. et fig. mar. rouge, dos ornés, fil. dent. int., tr. dor. (*A. Motte*).

> 1 frontispice portrait par Bailleul, gravé par Duflos ; 1 frontispice pour le tome II, 1 vignette et 24 figures par Bonnart, gravés par Giffart, ou non signés, et une carte géographique.
> Edition recherchée. donnée par le marquis de Fénelon, neveu de l'auteur. C'est la première conforme au manuscrit original.
> Bel exemplaire, **en gros caractères**.
> Haut. : 170 millim.

42. **FÉNELON**. Les Aventures de Télémaque, fils d'Ulysse, par François Salignac de la Motte Fénelon. *A Paris, de l'imp. de P. Didot l'Aîné*, 1796, 4 vol. in-12, mar. citron, dos ornés, dent. à la grecque, tr. dor. (*Courteval*).

> Exemplaire sur **grand papier vélin** orné de 1 portrait par Delvaux et 24 charmantes figures par Lefebvre, gravées par Delvaux, Godefroy, Simonet et Trière.
> Epreuves **avec la lettre, avant la lettre et eaux-fortes**.

43. **Galibert** (Léon). Histoire de la République de Venise par M. Léon Galibert. *Paris, Furne*, 1856, gr. in-8, mar. violet, dos orné, entrelacs de fil. dent. int., tr. dor.

> Nombreuses planches bien gravées sur acier.

44. **Gautier** (Théophile). Le Capitaine Fracasse, illustré de 60 dessins de Gustave Doré. *Paris, Charpentier*, 1866, gr. in-8, demi-rel. chag. brun, tr. dor.

> Exemplaire de premier tirage.

45. **GAUTIER** (Théophile). Jean et Jeannette, illustré de vingt-quatre compositions par Ad. Lalauze. Préface par

Léo Claretie. *Paris, A. Ferroud*, 1894, in-8, mar. La
Vall. clair, décoration dix-huitième siècle, bandes de mar.
bleu foncé, encadrant les plats, déterminant des comparti-
ments de mar. bleu clair ornem. divers aux angles, rinceaux,
roses et feuillages, bande de mar. La Vall. clair à l'int., fil.,
doublures et gardes de soie à fleurs, tr. dor. sur broch.,
couv. (*P. Ruban*).

L'un des **40** exemplaires sur **grand papier vélin** d'Arches (n° 99)
contenant **3 états** des eaux-fortes dont l'**eau-forte pure**.
Belle reliure.

46. **GAUTIER** (Théophile). **Mademoiselle de Maupin.**
Double Amour. Réimpression textuelle de l'édition originale. Notice bibliographique par M. Charles de Lovenjoul.
Paris, L. Conquet, G. Charpentier, 1883, 2 vol. gr. in-8,
portr. et fig. mar. vert, dos ornés, 5 fil. encadrant les plats,
dent. int., tr. dor. sur broch. couv. (*Raparlier*).

L'un des **70** exemplaires sur **papier du Japon** (n° 40) contenant **2
états** des eaux-fortes dont l'**avant lettre**, et auquel on a ajouté les 4
planches refusées de Jeanniot et Toudouze.

47. **GEBHART** (Emile). Cloches de Noël et de Pâques.
Illustrations et décoration de A. Mucha. *Paris, F. Cham-
penois, H. Piazza et Cie, s. d.*, gr. in-8, mar. violet clair,
guirlande de feuilles et de fleurettes en mosaïque sertie à
froid encadrant le titre exécuté également en lettres mosaïquées, bande de mar. à l'int. fil. dor. et au pointillé, doublures et gardes de soie à fleurs, tr. dor. sur broch. couv.
(*Canape*).

L'un des **35** exemplaires sur **papier du Japon** (n° 11) contenant une
suite en noir sur Chine, et auquel on a ajouté le prospectus de publication.

48. **Gineste** (Raoul). Soirs de Paris. Dessins de Minartz,
gravés sur bois par Paillard. *Paris, imprimé pour Henri
Béraldi*, 1903, gr. in-8, fig. cart. dos et coins de veau fauve,
dos orné et mosaïqué, non rog. couv. (*Carayon*).

Tirage unique à **128** exemplaires sur **papier vélin** de cuve (n° 31).

49. **Goethe**. Faust, tragédie, traduction d'Albert Stapfer avec une préface par P. Stapfer. Dessins de J. P. Laurens gravés par Champollion. *Paris, Librairie des Bibliophiles,* 1885, gr. in-8, portr. et fig. broch. couv.

5o. **Goncourt** (E. et J. de). Sophie Arnould d'après sa correspondance et ses mémoires inédits par Ed. et J. de Goncourt. *Paris, E. Dentu,* 1877, gr. in-8, portr. et fac-similé, br. couv.

Exemplaire sur **papier Whatman**.

5i. **GOUDEAU** (Emile). Paris qui consomme. Dessins de Pierre Vidal. *Paris, imprimé pour Henri Béraldi.* 1893, gr. in-8, fig. color. br. couv.

Tirage unique à **138** exemplaires (n° 16). — Rare.

52. **Goudeau** (Emile). **Paillard** (Henri). Paris-Staff. Exposition de 1900. *Paris, imprimé pour Henri Béraldi, s. d.,* gr. in-8, fig. dessinées et gravées sur bois par Paillard, cart. dos et coins de veau bleu, dos orné, non rog. couv. (*Carayon*).

Tirage unique à **118** exemplaires sur **papier vélin** de cuve (n° 62).

53. **Grévin** (A.) et **Huart** (A.). Les Parisiennes. *Paris, Librairie illustrée et M. Dreyfous, s. d.,* 1879, gr. in-8, fig. color. cart. dos et coins de perc., tête dor. ébarbé, couv.

54. **GRANDS ECRIVAINS FRANÇAIS** (Les). Etudes sur la vie, les œuvres et l'influence des principaux auteurs de notre littérature. *Paris, Hachette et Cie,* 1887-1904, 45 vol. in-12, portr. en photogravure, rel. et br., couv.

Beaumarchais, par André Hallays. — Bernardin de Saint-Pierre, par Arvède Barine. — Boileau, par Gustave Lanson. — Bossuet, par A. Rébelliau. — Chateaubriand, par de Lescure. — André Chénier, par E. Faguet. — Corneille, par G. Lanson. — Victor Cousin, par Jules Simon. — D'Alembert, par Joseph Bertrand. — Descartes, par A. Fouillée. — Diderot, par Joseph Reinach. — Alexandre Dumas père, par Parigot. —

Fénelon, par Paul Janet. — Flaubert, par E. Faguet. — Froissart, par
Mme Mary Darmesteter. — Guizot, par A. Bardoux. — Victor Hugo, par
L. Mabilleau. — La Bruyère, par Morillot. — Lacordaire, par le Comte
d'Haussonville. — La Fayette (Mme de), par le Comte d'Haussonville. —
La Fontaine, par G. Lafenestre. — La Rochefoucauld, par G. Bourdeau.
— Le Sage, par Eugène Lintilhac. — Maistre (Joseph de), par G. Cogordan.
— Malherbe, par le duc de Broglie. — Marivaux, par Gaston Deschamps. —
Mérimée, par Augustin Filon. — Mirabeau, par Edmond Rousse. —
Montaigne, par Paul Stapfer. — Montesquieu, par Albert Sorel. — Musset
(A. de), par A. Barine. — Pascal, par E. Boutroux. — Rabelais, par René
Millet. — Racine, par G. Larroumet. — Rousseau (J.-J.), par Arthur
Chuquet. — Royer Collard, par E. Spuller. — Rutebeuf, par Clédat. —
Saint-Simon, par Gaston Boissier. — Sévigné (Mme de), par Gaston Bois-
sier. — Staël (Mme de), par Albert Sorel. — A. Thiers, par P. de Rémusat.
— Turgot, par Léon Say. — Vauvenargues, par Maurice Paléologue. —
Vigny (Alf. de), par Maurice Paléologue. — Villon, par G. Paris.
  L'un des exemplaires tirés sur **papier du Japon**.
  24 volumes sont en demi-rel. mar. La Vall., dos à 5 nerfs. tête dor.,
non rog., couv , le reste est br., couv.

55. Guinot (Eugène). L'Eté à Bade, illustré par MM. Tony
Johannot, Eug. Lami, Français et Jaquemot. *Paris, Furne
et Cie, s. d.*, 1847, gr. in-8, cart. de bas. verte, dos et plats
couverts de compart. mosaïqués, rouge et vert sur fond
orné, médaillon avec personnages au centre, tr. dor. (*Rel.
de l'éditeur*).

Exemplaire de premier tirage.
1 portrait et 10 gravures sur acier, 1 carte et 5 costumes coloriés.
Curieuse reliure romantique.

56. Halévy (Ludovic). L'Abbé Constantin, illustré par Madame Madeleine Lemaire. *Paris, Boussod, Valadon et Cie*,
1887, in-4, demi-rel. dos et coins de mar. bleu, tête dor.,
non rog.

18 héliogravures hors texte, en-têtes et culs de-lampe.

57. Halévy (Ludovic). Karikari, aquarelles d'après Henriot.
Paris, L. Conquet, 1888, in-18. cart. dos et coins de mar.
rouge, non rog., couv. (*Champs*).

Exemplaire sur papier du **Japon**.

58. Hervieu (Paul). Flirt, illustré par Madame Madeleine

Lemaire. *Paris, Boussod. Valadon et Cie.* 1890. in-4, cart.. dos et coins de toile verte, tête dor. ébarb., couv.

36 planches en héliogravure dont 18 hors texte.

59. **HUGO** (Victor). **Les Chants du crépuscule.** *S. l. n. d.*, in-4, mar. bleu, dos orné, bandes de mar. La Vall.. encadrant les plats, accompagnées de guirlandes de roses, à la partie inférieure, lyre et palme en mosaïque sertie d'or de mar. rouge et vert, large bande de mar. bleu à l'int. form. encadrem. fleurettes mosaïquées doublures et gardes de soie à fleurs, tr. dor. (*P. Ruban* 1899).

Copie manuscrite exécutée sur papier vélin, ornée de **42 aquarelles originales**, dont plusieurs rehaussées d'or, signées de **F. Bourdin.**
Belle reliure de P. Ruban.

60. **Hugo** (Victor). Cinq poèmes. Booz endormi.— Bivar.— O soldats de l'an deux ! — Après la bataille.— Les Pauvres gens, ornés de trente-cinq compositions de Auguste Rodin. Eugène Carrière, Daniel Vierge. Willette, Dunki, Steinlen. *Paris, E. Pelletan.* 1902, gr. in-8, cart., dos et coins de mar. rouge, dos orné, non rog., couv.

Édition tirée à **250** exemplaires sur **papier vélin** (n° 35), à l'occasion du centenaire de la naissance de Victor Hugo.

61. **Hugo** (Victor). Le Pape. Vingt et une compositions dessinées et gravées par Jean-Paul Laurens. *Paris, A. Quantin.* 1885, gr. in-8, mar. rouge jans., dos orné, tiare en mosaïque sertie or, doublé de mar. crème, encadrem. de fil. tiares aux angles, gardes de moire, tr. dor. sur broch., couv. étui (*Charles Meunier*).

Édition tirée à 300 exemplaires numérotés.
L'un des **50** sur **papier du Japon** (n° 17), contenant 3 états des eaux-fortes dont l'un tiré en bistre.
On y a ajouté : 1° 1 portrait gravé à l'eau-forte d'après André Gill, en 4 états, dont 1 état sur peau de vélin, tiré à 5 exemplaires (n° 1), 1 état avant lettre, 1 état avant toute lettre et 1 état avec la lettre ; 2° 1 portrait gravé à l'eau-forte par Ad. Didier, épreuve avant la lettre.
Très bel exemplaire de cette magnifique publication.

62. **Hugo** (Victor). Le Roi s'amuse. *Paris, Société des Publications périodiques*, 1883, pet. in-4, fig. en feuilles dans le cart. de l'éditeur.

> L'un des **150** exemplaires sur **Hollande** (nº 3o).
> Illustrations de J.-P. Laurens, Bayard, Luc Olivier Merson.

63. **Hurtrel** (Mme Alice). Les Aventures romanesques d'un comte d'Artois, d'après un ancien manuscrit, orné de dessins de la bibliothèque nationale par Mme Alice Hurtrel. *Paris, G. Hurtrel*, 1883, in-18, fig. en noir et en couleurs par Adrien Marie, br., couv.

> L'un des **60** exemplaires sur **papier de Chine** (nº 23).

64. **HUYSMANS** (J.-K.). La Cathédrale. *Paris, P.-V. Stock*, 1898, in-12, mar. grenat. attributs mosaïqués sur le plat supérieur, fil. à l'int. doubl. et gardes de soie brochée, tr. dor. sur broch., couv., étui (*Ch. Meunier*).

> Édition originale, avec la couverture.
> L'un des **21** exemplaires sur **papier du Japon** (nº 13), contenant une eau-forte, portrait inédit de l'auteur, par Eugène Delatre, et un frontispice en couleurs de Pierre Roche, sur parchemin églomisé.

65. **JANIN** (Jules). Œuvres diverses, publiées sous la direction de M. Albert de la Fizelière. *Paris, D. Jouaust*, 1875-76, 5 vol. in-12. fig. à l'eau-forte par Hédouin, mar. bleu, dos ornés, compart. de fil. à la Duseuil, dent. int., tr. dor. étui (*Defrance*).

> Tome I. L'Ane mort et la Femme guillotinée.
> Tomes II et III. Mélanges et variétés.
> Tomes IV et V. Contes et nouvelles.
> **Exemplaire unique** imprimé sur **peau de vélin** pour **Madame Jules Janin.**

66. **Janin** (Jules). Les Petits bonheurs. Illustrations de Gavarni. *Paris, Morizot,* 1857, gr. in-8, fig. sur acier, cart. toile de l'éditeur, avec ornements mosaïqués et fers spéciaux, tr. dor.

> Cartonnage très frais.

67. **La Bédollière**. Les Industriels métiers et professions en France par Emile de La Bédollière, avec cent dessins par Henry Monnier. *Paris, Vᶜ Louis Janet*, 1842, gr. in-8. fig., demi-rel. mar. rouge, tête dor., non rog., couv.

> Exemplaire de premier tirage. avec le premier plat de la couverture.
> Ouvrage rare, illustré de vignettes dans le texte et 3o planches tirées à part, gravées sur bois par Baulant, Birouste, Gérard, etc....

68. **La Fontaine**. Fables choisies. mises en vers par J. de La Fontaine. Nouvelle édition gravée en taille-douce. Les figures par le Sʳ Fessard. Le Texte par le sieur Montulay. dédiées aux enfans de France (Tomes I et II). *A Paris, chez l'auteur* 1765-1766, 2 vol. in-8, fig. vign. et culs-de-lampe, veau éc., dos ornés, fil., tr. dor. (*Rel. anc. avec chiffres sur les plats*).

69. **La Fontaine**. Fables de La Fontaine. *Parme de l'imprimerie de la veuve Bodoni*, 1814, 2 vol. gr. in-fol., pap. vélin, demi-rel. dos et coins de mar. vert à gros grain, dos ornés, tête dor., non rog.

> Edition magnifique, dédiée à Joachim Murat. qui occupait alors le trône de Naples. Elle renferme la vie de La Fontaine, par Creuzé de Lesser.

70. **La Harpe**. Tangu et Félime, poème en 4 chants par M. de La Harpe. *Paris, Pissot.* 1780, pet. in-8 en feuilles.

> 1 titre gravé par Marillier et 4 jolies figures de Marillier, gravées par Dambrun, de Ghendt, Halbou et Ponce.
> Piqûres de vers.

71. **Le Canu**. Chez Victor Hugo, par un passant avec 12 eaux-fortes par M. Maxime Lalanne. *Paris, Cadart et Luquet,* 1864. in-8, fig., demi-rel. mar. rouge, tête dor., non rog.

> Intéressante description de la maison du grand poète à Hauteville-House.

72. **Légende** (La) de Sainte Ursule, princesse britannique et de ses onze mille vierges d'après les anciens tableaux de

l'Eglise de Sainte-Ursule à Cologne, reproduits en chromo-
lithographie, publiée par F. Kellerhoven, texte par J.-B.
Dutron. Planches et texte inédits. *Paris*, 1860, in-4, texte
entouré d'un riche encadr. grav. sur bois, mar. brun, dos
orné, semis de fleurs de lys poussées à froid sur les plats,
orn. dorés aux angles, dent. int., doublures et gardes de
moire rose, tr. dor.

> Belle publication ornée de 22 planches hors texte dont 21 en chromoli-
> thographie.

73. **LEGRAND** (Louis). Le **Livre d'heures** de Louis Legrand. *Paris, G. Pellet*, 1898, in-8, mar. vert clair ; sur
les plats, compositions d'iris, en mosaïque à froid de mar.
vert foncé, violet et citron, doublures de mar. vert clair,
guirlandes de fleurettes en mosaïque de mar. rose, sertie
d'or, gardes de soie, tr. dor. sur broch., couv. (*P. Ruban
1900*).

> Tirage à **160** exemplaires (nᵘ 52).
> Ouvrage orné de nombreux dessins de Louis Legrand, dans le texte et
> d'eaux-fortes originales hors texte.
> On a ajouté à cet exemplaire la suite de toutes les eaux-fortes en cou-
> leurs qui a été tirée à quelques exemplaires seulement.

74. **Lemercier de Neuville**. Théâtre des Pupazzi par L.
Lemercier de Neuville. *Lyon, N. Scheuring*, 1876, in-8,
port. et vign. demi-rel. dos et coins de mar. vert, tête dor.,
non rog., couv. illust.

> L'un des **5** exemplaires sur **papier de Chine**.

75. **LE SAGE. Histoire de Gil Blas de Santillane**, par
M. Le Sage. Dernière édition revue et corrigée. *A Paris,
par les Libraires associés*, 1747, 4 vol. in-12, fig. mar.
bleu, dos ornés, fil., dent. int., tr. dor. (*Capé*).

> Bel exemplaire de premier tirage orné de 32 figures non signées.
> Hauteur : 162 mill.
> Dernière édition donnée du vivant de l'auteur et la plus recherchée.

76. **L'HOPITAL** (Joseph). Foires et marchés normands.
Notes et fantaisies, croquis d'après nature, dessinés et gravés

sur cuivre et sur bois par Auguste Lepère. *Aux dépens de la Société normande du Livre illustré*, 1898, gr. in-8, br., couv.

Tirage unique à **140** exemplaires sur **papier vélin** (n° 91).

77. **Liger** (Albert). Margalla. Episode de la conquête des Gaules, illustrations de l'Imagier Andhré des Gachons. *Paris, Edm. Girard, s. d.* (1894), in-12, figures noires et en couleurs, demi-rel. mar. bleu, dos orné, fil., tête dor., ébarbé (*V. Champs*).

78. **Longfellow** (H.-W.). Evangéline, conte d'Acadie. Etude littéraire et traduction par Louis Depret. Illustrations par F. Diksée. *Paris, Boussod, Valadon et Cie.* 1886, in-folio héliogravures dans le texte et hors texte, demi-rel. dos et coins de mar bleu, tête dor., ébarbé.

Edition tirée à **300** exemplaires sur **papier vélin** (n° 147).

79. **Maistre** (Xavier de). Voyage autour de ma chambre, par M. le C. X****** (le comte Xavier de Maistre), O. A. S. D. S. M. S. (officier au service de Sa Majesté Sarde). *Paris, Dufart, an VII*, in-18, cart. toile.

Edition originale très rare.
Titre doublé et raccommodé, et nom à l'encre.

79 *bis*. **Malo** (Charles). Le Simplon, promenade pittoresque de Genève à Milan. *Paris, Louis Janet, s. d.* (1824), in-18, fig., mar. rouge, dos orné, dent. dorée et à froid sur les plats, tr. dor., étui. (*Rel. de l'époque*).

12 gravures coloriées.
Jolie reliure très bien conservée.

80. **MARX** (Roger). La Loïe Fuller. Estampes modelées de Pierre Roche. *Paris, Edition des Cent Bibliophiles*, 1904, pet. in-4 en feuille, couv., dans un carton.

Edition tirée à **130** exemplaires (n° 57).
Ce livre est la première application du caractère Auriol italique, gravé et fondu par G. Peignot et fils.

81. **Mary-Lafon**. La France ancienne et moderne. Illustrations Rouargue, Valério, Godefroy-Durand et Lepoitevin. Gravure de Willmann. *Paris, Morizot*, 1865, gr. in-8, demi-rel. mar. La Vall., plats toile, tr. dor. (*Rel. de l'éditeur*).

Nombreuses planches gravées sur acier.

82. **Masque de Fer** (Le). Echos illustrés du Figaro. *Au Bureau du Figaro*, 1878, pet. in-folio, nombr. fig., cart. de l'éditeur.

83. **MAUPASSANT** (Guy de). **Contes choisis** publiés par les Bibliophiles Contemporains. Le Loup. — Hautot père et fils. — Allouma. — Mouche. — La Maison Tellier. — Un Soir. — Le Champ d'Oliviers. — Mademoiselle Fifi.— L'Epave. — Une Partie de Campagne. *Paris, Imprimé aux frais et pour les Sociétaires de l'Académie des Beaux Livres*, 1891-1892, 10 fascicules en 1 vol. gr. in-8, front. en couleurs d'après Rops, mar. La Vall. clair, dos et plats décorés d'une composition florale en mosaïque sertie or, de mar. vert, rose et citron, large bande de mar. à l'int., fil. avec ornem. aux angles, doublures et gardes de soie, tr. dor. sur brochure, couv. (*P. Ruban*).

Ces 10 fascicules sont ornés de figures en noir et en couleurs par *Pierre Vidal, P. Avril, Lunois, Paul Gervais, Van Muyden*, etc.
Edition tirée à 180 exemplaires pour les membres de la Société (nº 21).
Le Conte intitulé : **Une Partie de Campagne**, est orné sur toutes les marges d'**aquarelles originales** de **Félix Oudart**.
Bel exemplaire recouvert d'une riche reliure de Petrus Ruban.

84. **Maupassant** (Guy de). Monsieur Parent. *Paris, Ollendorff*, 1886, in-12, br.

Edition originale, avec la couverture.
On y joint : Maupassant (Guy de). Notre Cœur. *Paris, Ollendorff*, 1890, in-12, br. (*Edition originale, avec la couverture*).

85. **MAUPASSANT** (Guy de). **Le Vagabond**. Lithographies en couleurs par Steinlen. *Imprimé aux frais de la*

Société des Amis des Livres, 1902, pet. in-4, mar. brun,
doublé de mar. citron, guirlande de fleurs en mosaïque,
formant encadrem., gardes de soie brune, tr. dor. sur brochure, couv. (*Noulhac*).

Tiré à **115** exemplaires (n⁰ 95).
Très belle reliure.

86. **MÉRIMÉE** (Prosper). Chronique du règne de
Charles IX. Edition ornée de cent dix compositions par
Edouard Toudouze. *Paris, E. Testard*, 1889, gr. in-8,
mar. lie de vin, dos orné, fil. avec fleurs de lys aux angles.
milieux ornés de filets brisés avec fers azurés, dent. int., tr.
dor. sur brochure, couv. (*Marius Michel*).

L'un des **25** exemplaires sur **papier de Chine extra-fort** (n⁰ 88),
contenant le tirage à part des illustrations tirées dans le texte et 4 états
des eaux-fortes dont l'eau-forte pure, l'avant-lettre avec remarque, l'avant-
lettre tirée en bistre, l'épreuve avec la lettre.

87. **MOLIÈRE.** Œuvres. Illustrations de Jacques Leman et
Maurice Leloir. Notices par A. de Montaiglon. *Paris, Le-
monnyer et Testard*, 1882-1896, 32 fascicules in-4, br.,
couv. impr.

Edition illustrée de 700 gravures en taille-douce dans le texte, car-
touches, lettrines, fleurons et culs-de-lampe et de 33 grandes eaux-fortes
hors texte.
Un des **75** exemplaires sur **papier de Chine** (n⁰ 184) contenant une
double suite des eaux-fortes hors texte.
Publié à 1,000 francs.

88. **Montaigne.** Les Essais de Michel, seigneur de Montaigne.
Edition nouvelle, exactement corrigée, selon le vray exemplaire ; enrichie à la marge du nom des autheurs citez, et de
la version de leurs passages, mise à la fin de chaque cha-
pitre, avecque la vie de l'Autheur, plus deux tables : l'une
des Chapitres et l'autre des Matières. *A Paris, chez Jean
Camusat*, 1635, in-fol., titre imprimé et frontispice gravé,
demi-rel. basane marbrée, dos orné (*Rel. moderne*).

Cette édition, dédiée au cardinal de Richelieu, l'emporte peut-être sur
celle de 1595, à cause des pièces qui y sont jointes, et parce qu'elle donne
la traduction des citations (*Brunet*).

89. **MONTAIGNE**. Essais de Michel, seigneur de Montaigne. *Paris, P. Didot l'aîné, et Firmin Didot, an X.* 1802, 4 vol. in-8, demi-rel. dos et coins de mar. La Vall. foncé, tête dor., non rog.

> Edition stéréotype très soignée pour la correction et la ponctuation.
> **L'un des rares exemplaires** contenant un avertissement (pages 5 à 63) sur le caractère et la religion de Montaigne. Ce morceau curieux est de **Naigeon**, c'est dire assez dans quel esprit il est écrit, et faire connaître la cause de sa suppression. On a ajouté les pages 177-180 du tome Ier doubles.
> Beau portrait de Montaigne, gravé par Ficquet, d'après Dumonstier, ajouté.

90. **MONTORGUEIL** (Georges). Paris au hasard. Illustrations composées et gravées sur bois par Auguste Lepère. *Paris, Imprimé pour Henri Beraldi,* 1895, in-8, fig., mar. vert, mosaïque de coquelicots sur le plat supérieur, doublé de mar. citron, semis de coquelicots en mosaïque sertie à froid, encadrem. de fil. dorés, gardes de soie à fleurs, tr. dor. sur brochure, couv. (*Ch. Meunier*).

> Tirage unique à **138** exemplaires numérotés à la presse sur papier vélin de cuve du Marais (n° 22).
> Exemplaire enrichi d'une **superbe aquarelle originale** de **A. Lepère** l'illustrateur du livre, couvrage entièrement le faux titre. .

91. **Moreau** (Hégésippe). Le Myosotis, petits contes et petits vers. Nouvelle édition illustrée de cent trente-quatre compositions de Robaudi, gravées sur bois par Clément Bellenger. Préface par André Theuriet. *Paris, L. Conquet,* 1893, gr. in-8, cart. dos et coins de mar. bleu clair, non rog., couv. (*David*).

> L'un des **350** exemplaires sur **papier vélin du Marais** (n° 237).

92. **Moreau** (Hégésippe). Petits contes en prose. Le Gui de chêne. — La Souris blanche. — Les Petits Souliers. — Thérèse Sureau, illustré d'un portrait et de douze compositions par Félix Oudart. *Paris, Rouquette,* 1892, gr. in-8, demi-rel. dos et coins de mar. olive, dos orné, tête dor.. non rog. (*Allô*).

> L'un des **200** exemplaires sur **papier de Hollande** (n° 306).

93. **Morin** (Louis). Les Cousettes, physiologie des couturières de Paris. Vingt-et-une compositions dessinées et gravées à la pointe sèche par Henry Somm. *Paris, L. Conquet*, 1895, gr. in-8. br., couv.

Tirage unique à **100** exemplaires sur **papier du Japon à la forme** (n° 61).

94. **Nodier** (Charles). Thérèse Aubert. Illustrations de A. Calbet. *Paris, Borel*, 1896, in-18. allongé. fig. sur bois. demi-rel. mar. La Vall., tète dor., non rog., couv. (*Champs*).

Exemplaire sur **papier du Japon**.

95. **NODIER** (Charles). **Trilby** ou le lutin d'Argail. Nouvelle écossoise par Charles Nodier. *Lyon, Société des Amis des Livres*, 1887, pet. in-8, fig., mar. La Vall. clair, dos orné, encadrem. de fil. droits et courbés, entourés de guirlandes, aux milieux, sujets symboliques en mosaïque sertie or, dent. int., doublures et gardes de soie à ramages, tr. dor. sur brochure, couv. (*Lucien Magnin*).

Edition tirée à **45** exemplaires numérotés, ornée de figures de Paul Avril, gravées à l'eau-forte en 2 états, dont l'eau-forte pure.

96. **Noël** (Edouard). Une mélodie de Schubert par Edouard Noël, dessins de Georges Cain, gravés par Deville. *Paris, L. Conquet*, 1888, in-18, pap. vélin, cart. dos et coins de mar. vert clair, non rog., couv. (*Champs*).

97. **Nogaret** (F.). L'Aristénète français. Edition illustrée de cinquante compositions de Durand, gravées à l'eau-forte par E. Champollion. *Paris, L. Conquet*, 1897, 2 vol. in-18, fig., br., couv.

L'un des **125** exemplaires sur **papier vélin** (n° 62) contenant le tirage à part **avant la lettre** de toutes les vignettes.

98. **Ohnet** (Georges). Volonté. *Paris, Ollendorff*, 1888, in-12, br.

> Edition originale, avec la couverture.
> L'un des **150** exemplaires sur **papier de Hollande** (n° 109).

99. **Paris-Guide** par les principaux écrivains et artistes de la France. *Paris, A. Lacroix, Verboeckhoven et Cie*, 1867, 2 forts vol. in-12, br., couv.

> Articles de Victor Hugo, Louis Blanc, Ernest Renan, Sainte-Beuve, Littré, Michelet, Th. Gautier, Arsène Houssaye, Edgar Quinet, Viollet-le-Duc, Alexandre Dumas père et fils, Taine, etc. Gravures sur bois d'après Bracquemond, Lalanne, Fichot, Hedouin, Célestin Nanteuil, Parent, E. Morin, Français, etc.

100. **Prevost** (Abbé). Histoire de Manon Lescaut et du Chevalier des Grieux. Préface de Guy de Maupassant. Illustrations de Maurice Leloir. *Paris, Launette*, 1885, in-4 en feuilles, dans le cartonn. de l'éditeur.

> L'un des **75** exemplaires sur **papier du Japon** (n° 96) avec une triple suite des eaux-fortes.

101. [**Rémusat** (P. de]. Un Cas de Jalousie. Dix-neuf lithographies par A. Lunois. *Paris, L. Conquet*, 1896, gr. in-8, br., couv.

> L'un des **60** exemplaires sur **papier du Japon impérial** (n° 49) avec les tirages à part sur Japon teinté à la forme, plus 4 planches refusées.

102. **Richepin** (Jean). La Chanson des Gueux. *Paris, Maurice Dreyfous*, 1885, in-4, br., couv.

> Exemplaire sur papier vélin.

103. **Roussel** (Auguste). Les miettes d'Esope. Fables par Auguste Roussel. Dessins de Gavarni. *Paris, Furne, Jouvet et Cie, s. d.*, gr. in-8, fig., br., couv.

104. **Roussillon** (Gérard de). S'ensuyt l'hystoire de Monseigneur Gérard de Roussillon, jadis duc et comte de Bour-

gongne et d'Acquitaine. *Lyon, par Louis Perrin*, 1856, in-8, demi-rel. mar. rouge, dos orné, tête dor., non rog., couv. (*Champs*).

105. **Sandeau** (Jules). Un Début dans la Magistrature. *Paris, Calmann Lévy (pour L. Conquet)*, 1887, in-12, port. et vign., cart. dos de perc., tr. jasp., couv.

> Edition tirée à 225 exemplaires sur papier vélin (n° 178) avec les figures dans le texte.
> Figures de Baugnies gravées par Deville.

106. **Sandeau** (Jules). La Roche aux mouettes. Dessins par E. Bayard et Ferat, gravures par Pannemaker. *Paris, J. Hetzel et Cie, s. d.*, gr. in-8. demi-rel. dos et coins de mar. rouge, tête dor., non rog. (*David*).

> Exemplaire sur **papier de Chine**. — Très rare.

107. **Scholl** (Aurélien). Denise. Aquarelles de Grivaz, gravées par Arents. *Paris, E. Rouveyre et G. Blond*, 1884, in-8, demi-rel. dos et coins de mar. vert, tête dor., non rog.

> Envoi autographe de l'auteur :
> A Mme X.....
> *Si Denise eut été fidèle*
> *Dans son amour trop assidu*
> *Je n'aurais pas trouvé chez elle*
> *Ce que chez toi j'aurais perdu*
> **Aurélien Scholl.**

108. **Sensier** (Alfred). Etude sur Georges Michel. *Paris, A. Lemerre*, 1873, gr. in-8, port. eaux-fortes de Lerat, L. Flameng, Lalauze, etc., d'après Georges Michel, demi-rel. dos et coins de mar. brun, tête dor., non rog.

109. **Séraphin** (Feu). Histoire de ce spectacle, depuis son origine jusqu'à sa disparition. 1776-1870. *Lyon, N. Scheuring*, 1875, in-8, port. et vign. demi-rel. dos et coins de mar. vert, tête dor., non rog.

> L'un des 5 exemplaires sur **papier de Chine**.

110. **Shakspere**. Le Mémorial de W. Shakspere, contes shaksperiens par Charles Lamb, traduits de l'anglais par M. Alphonse Borghers, avec une introduction par M. Philarète Chasles précédée d'une vie de Shakspere et de Lamb, par M. Amédée Pichot. *Paris, Baudry*, 1842, gr. in-8, nombr. fig. sur bois et sur acier, chag. La Vall., ornem. dorés et à froid sur les plats, tr. dor. (*Rel. de l'éditeur*).

> Exemplaire de premier tirage.

111. **Silvestre** (Armand). Le Conte de l'Archer. Aquarelles de A. Poirson, gravées par Gillot. Impression chromotypographique par A. Lahure. *Paris, Lahure, Rouveyre et G. Blond*, 1883, in-8, fig., br., couv.

> L'un des **125** exemplaires sur **papier du Japon** (n° 190).

112. **Statuts de l'ordre du Saint-Esprit** au droit désir, ou du nœud institué à Naples en 1352, par Louis d'Anjou, premier du nom, roi de Jérusalem, de Naples et de Sicile. Manuscrit du XIV⁰ siècle, conservé au Louvre dans le Musée des Souverains français, avec une notice sur la peinture des miniatures et la description du manuscrit par M. le Comte Horace de Viel-Castel. *Paris, Engelmann et Graf*, 1853. in-fol., mar. La Vall., dos orné, décoration à froid couvrant les plats, semis de fleurs de lys, tr. rouge (*Gruel*).

> Superbe publication reproduisant page par page en couleurs, et de la façon la plus exacte, l'original conservé autrefois au Louvre et maintenant à la Bibliothèque nationale.

113. **Sterne**. Voyage sentimental en France et en Italie. Traduction nouvelle et notice de M. Emile Blémont. Illustrations de Maurice Leloir, comprenant 220 dessins dans le texte et 12 grandes compositions hors texte. *Paris, H. Launette*, 1884, in-4, port. et fig., demi-rel. dos et coins de mar. vert, tête dor., non rog., couv.

114. **Théâtre lyonnais de Guignol,** publié pour la première fois, avec une introduction et des notes. *Lyon, N. Scheu-*

ring, 1865-1870. 2 vol. gr. in-8. fig., demi-rel. dos et coins
de mar. grenat foncé, tête dor., non rog.

115. **Theuriet** (André). Sous Bois. Nouvelle édition illustrée
de soixante-dix-huit compositions de H. Giacomelli, gravées
sur bois par Berveiller, Froment, Méaulle et Rouget. Préface de Jules Claretie. *Paris, L. Conquet, G. Charpentier*,
1883, in-8, demi-rel. dos et coins de mar. brun, tête dor.,
non rog., couv.

116. **Töpffer** (Rodolphe). Le Presbytère. *Genève, chez tous
les libraires*, 1832, in-8, demi-rel. dos et coins de mar. lie
de vin, dos orné, non rog. (*Canape*).

> Edition originale avec la couverture.
> Très rare.

117. **Toudouze** (Gustave). La Vengeance des Peaux-de-Bique,
par Gustave Toudouze. Illustrations de J. Le Blant. *Paris,
Hachette et Cie*, 1896, gr. in-8, br., couv.

> L'un des **50** exemplaires sur **papier de Chine** (n° 45), contenant un
> tirage à part de toutes les gravures.

118. **Uzanne** (Octave). La Française du siècle. Modes,
mœurs, usages, par Octave Uzanne. Illustrations à l'aquarelle de Albert Lynch, gravées à l'eau-forte en couleurs par
Eugène Gaujean. *Paris, A. Quantin*, 1886, gr. in-8, br.,
couv. impr. en coul., cart. Japonais.

> L'un des **100** exemplaires sur **papier du Japon** (n° 61), contenant
> 2 états des eaux-fortes en couleurs.

119. **Uzanne** (Octave). Le Paroissien du célibataire. Obser-
vations physiologiques et morales sur l'état du célibat par
Octave Uzanne. Illustrations de Albert Lynch, gravées à
l'eau-forte par E. Gaujean. *Paris, A. Quantin*, 1890, gr.
in-8, fig., demi-rel. mar. rouge, tête dor., non rog., couv.

120. **Uzanne** (Octave). Les Quais de Paris. Etudes physiologiques sur les bouquinistes et bouquineurs. Dessins de

Emile Mas. Edition nouvelle, revue et remaniée. couverture. Frontispice et vignette à l'eau-forte par Heidbrinck. *Paris, Quantin,* 1896, gr. in-8, fig., br., couv.

121. **Valdagne** (Pierre). Variations sur le même air, roman par Pierre Valdagne (oui-oui) avec quelques fioritures de Lucien Métivet. *Paris, Paul Ollendorff,* 1896, in-12, mar. lilas, sujet mosaïqué à l'angle du plat supérieur, fil. à l'intér. ornem. mosaïqués aux angles, tr. dor. sur broch., couv. étui (*Ch. Meunier*).

L'un des **50** exemplaires sur **papier vélin** numérotés à la presse (nº 28), contenant une suite des gravures sur Chine et les dessins hors texte aquarellés par Lucien Métivet.

122. **VILLON** (François). Œuvres. Texte révisé et préface par Jules de Marthold. Quatre-vingt-dix illustrations en deux teintes de A. Robida. *Paris, L. Conquet,* 1897. in-8, fig., br., couv.

L'un des **70** exemplaires sur **papier de Chine** (nº 60), avec une suite des tirages à part du trait.
Publié à 250 francs par souscription et épuisé.

123. **Zola** (Emile). Nos auteurs dramatiques. *Paris, G. Charpentier,* 1881, in-12, br.

Edition originale, avec la couverture.
L'un des **10** exemplaires sur **papier de Chine** (nº 7).

124. **Zola** (Emile). Une Campagne 1880-1881. *Paris, G. Charpentier,* 1882, in-12, br.

Edition originale, avec la couverture.
L'un des **10** exemplaires sur **papier de Chine** (nº 8).

125. **Zola** (Emile). La Curée. Compositions de Georges Jeanniot. *Paris, Emile Testard,* 1894, gr. in-8, pap. vélin, fig. sur bois dans le texte et eaux-fortes hors texte. br., couv.

126. **ZOLA** (Emile). La Curée par Emile Zola. Compositions de Georges Jeanniot. *Paris, E. Testard,* 1894, gr. in-8,

mar. chaudron, dos orné d'un coquelicot en mosaïque à
froid, fil. à l'int. doublures et gardes de moire, tr. dor. sur
broch., couv. étui (*Ch. Meunier*).

L'un des **10** exemplaires sur **papier du Japon** (n° 8), contenant :
1° Le tirage à part sur Japon de tous les bois tirés dans le texte ;
2° Les eaux-fortes tirées hors texte en 6 états ; 1 état avec la lettre, 1 état
tiré en camaïeu avec la lettre, 1 état en bistre avant la lettre, 1 état avant
la lettre et avec remarque, 1 état en sanguine, avant la lettre et avec remarque et l'eau-forte pure également avec remarque.
Très bel exemplaire.

127. **Zola** (Emile). Son excellence Eugène Rougon. *Paris.
Charpentier et Cie.* 1876, in-12, br.

Edition originale.
On y joint : Paul Alexis. Emile Zola, notes d'un ami, avec des vers inédits de Emile Zola. *Paris,* 1882, in-12, br. (*Edition originale, avec la
couverture*).

128. **Zola** (Emile). Mes haines, causeries littéraires et artisti-
ques. Mon Salon (1866) Edouard Manet, étude biographi-
que et critique. Nouvelle édition. *Paris, G. Charpentier,*
1879, in-12, br., couv.

L'un des **5** exemplaires sur **papier de Chine** (n° 3).

129. **Zola** (Emile). La joie de vivre. *Paris, G. Charpentier
et Cie,* 1884, in-12, br.

Edition originale, avec la couverture.
L'un des **150** exemplaires sur **papier de Hollande** (n° 105).

130. **Zola** (Emile). Naïs Micoulin. *Paris, G. Charpentier et
Cie,* 1884, in-12. demi-rel. veau brun, tête dor., non rog.

Edition originale.
L'un des **100** exemplaires sur **papier de Hollande** (n° 78).

131. **ZOLA** (Emile) **Nana.** *Paris, Charpentier,* 1880, in-12.
port. en 3 états, mar. lie de vin, doublé de mar. vert, tr.
dor. sur broch. couv., étui. (*Canape*).

Edition originale avec la couverture.
L'un des **325** exemplaires sur **papier de Hollande** (n° 282) orné de
19 aquarelles originales de **Ulysse Roy,**
Etui non terminé.

132. **Zola** (Emile). Le Naturalisme au théâtre. Les théories et les exemples. *Paris, G. Charpentier*, 1881, in-12, br.

> Edition originale avec la couverture.
> L'un des **10** exemplaires sur **papier de Chine** (n° 7).

133. **Zola** (Emile). L'Œuvre. *Paris, G. Charpentier et Cie*, 1886, in-12, br.

> Edition originale avec la couverture.
> L'un des **175** exemplaires sur **papier de Hollande** (n° 48).

134. **Zola** (Emile). Une page d'Amour précédée d'une lettre-préface avec dessins d'Edouard Dantan, gravés à l'eau-forte par **A.** Duvivier. *Paris, Jouaust*, 1884, 2 vol. gr. in-8, port. et fig., demi-rel., dos et coins de mar. bleu. dos ornés, tête dor. non rog., couv.

> L'un des **200** exemplaires sur **vélin de Hollande** à la forme (n° 88).

135. **Zola** (Emile). Une page d'Amour, compositions de François Thévenot. *Paris, E. Testard*, 1895, gr. in-8, pap. vél., fig. gravées sur bois et eaux-fortes hors texte. br. couv.

136. **Zola** (Emile). Pot Bouille. *Paris, G. Charpentier*, 1882, in-12, br.

> Edition originale avec la couverture.
> L'un des **250** exemplaires sur **papier de Hollande** (n° 33).

137. **Zola** (Emile). Les Romanciers naturalistes. Balzac. — Stendhal. — Gustave Flaubert. — Edmond et Jules de Goncourt. — Alphonse Daudet. — Les Romanciers contemporains. *Paris, G. Charpentier*, 1881. in-12, br.

> Edition originale avec la couverture.
> Exemplaire sur **papier de Chine**.

138. **Zola** (Emile). La Terre. *Paris, G. Charpentier et Cie*, 1887, in-12, br.

> Edition originale avec la couverture.
> L'un des **275** exemplaires sur **papier de Hollande** (n° 25).

1 39. **Zola** (Emile). Théâtre. Thérèse Raquin. — Les Héritiers
Rabourdin. — Le Bouton de Rose. — *Paris, G. Charpentier*, 1878, in-12. br.

> Edition originale avec la couverture.
> L'un des **75** exemplaires sur **papier de Hollande** (n° 13).

DESSINS, AQUARELLES, GRAVURES

LITHOGRAPHIES

140. **Aquarellistes Français** (Société d'). Ouvrage d'art
publié avec le concours artistique de tous les sociétaires,
texte par les principaux critiques d'art. Illustré de photogravures, tirées en couleur, dans le texte et hors texte, dessins à la plume. *Paris, H. Launette*, 1883, 2 vol. en 8 fasc.
in-fol. **Grands Peintres Français** et étrangers, ouvrage
d'art, publié avec le concours artistique des Maîtres, texte
par les principaux critiques d'art. Illustré de photogravures,
tirées en couleur dans le texte et hors texte, nomb. dessins,
etc. *Paris, H. Launette*, 1884, 2 vol. in-fol. en 8 fasc.
Ens. 16 fasc. dans des cartons illust.

141. **Bac.** Lui. — Vous êtes sortie hier soir ! Elle. — J'oppose à ces allégations mensongères le démenti le plus
formel.... Lui. —. ... et maintenant je sais même que c'est
avec un député !

> **Dessin original** à la plume.

142. **BEAUMONT** (Ed. de). Recueil de 90 planches lithographiées en noir. *Paris, Aubert et Cie, s. d.*, in-4, demi-
rel., dos et coins de mar. rouge, tr. dor.

> La guerre des femmes, 9 planches. — La civilisation aux îles Marquises,
> 22 planches, — L'Opéra au XIXe siècle, 57 planches. — etc....

143. **Béranger**. Chansons. Suite complète de 8 figures libres
d'après Tony Johannot.

Epreuves sur **Chine**.

144. **Berr**. L'Amour à Paris composé et lithographié par
Berr. *Paris, Arnauld de Vresse, s. d.*, in-4, cart. de l'éditeur.

1 titre et 20 planches lithographiées en noir.

145. **Castellan**. Le Roi des albums, grand magasin d'images
par T. Castellan. Dessins de Alophe, Daumier, Gavarni,
T. Johannot, H. Monnier, C. Nanteuil, Trimolet, etc...
Paris, chez Aubert et Cie, s. d., in-4, oblong, nomb. fig.
br. couv. illust.

146. **CHARLET**. Album lithographique. *Paris, Gihaut
frères, s. d.*, (vers 1830), in-4, demi-rel. dos et coins de
bas.

1 titre et **60 planches** lithographiées en noir représentant des scènes
militaires.

147. **COPPIER** (Charles). Pastel.

Importante composition représentant une jeune femme nue étendue
nonchalamment sur le bord de la mer. A l'arrière plan du soleil couchant
éclaire la scène et fait agréablement ressortir la ligne du corps.

148. **Daumier** (H.). Les Cent et un Robert Macaire, com-
posés et dessinés par M. H. Daumier, sur les idées et les
légendes de Philipon réduits et lithographiés par M. M***
Texte par MM. Maurice Alhoy et Louis Huart. *Paris,
Aubert et Cie*, 1840, 2 vol. in-4, couvertures découpées et
collées sur les cart.

101 planches lithographiées en noir.

149. **Fantin-Latour**. Le Ballet des Troyens.

Lithographie.
Epreuve sur **Chine** signée au crayon par **Fantin-Latour**.

150. **FORAIN**. Il n'y a pas à dire quand tu étais à Mazas, on était plus tranquille !

Dessin original à la plume rehaussé de crayons de couleurs. Encadré.

151. **Forain. Dessin original** à la plume, à deux personnages. Encadré.

152. **Forain**. Nos Ennemis. — Monsieur vient de m' dire : « Etes-vous sobre ? » Qu'est-ce que ça veut dire ? J' sais pas, ça doit être des mots pour humilier les domestiques.

Dessin original à la plume, rehaussé de crayons de couleurs. Encadré.

153. **Gavarni**. Masques et visages : Les Partageuses. — Les Invalides du sentiment. — Bohèmes. Etudes d'androgynes. *Paris, Imprimerie Lemercier, s. d.*, 3 vol. in-4, cart. de l'éditeur.

100 planches lithographiées en noir.

154. **Harding**. The costumes of the french Pyrenees drawn on stone by J.-D. Harding from original Sketches by Johnson Esqr. *London, Published by James Carpenter et Son*, 1832, in-4, demi-rel. dos et coins de mar. brun, dos orné. tr. dor. (*Rel. de l'époque fatiguée*).

Trente planches de costumes lithographiées en couleurs. Belles épreuves.

155. **Hugo** (Victor). Œuvres complètes. Suite de 1 frontispice, 2 portraits et 97 planches gravées à l'eau-forte d'après François Flameng, par Léop. Flameng, de Los Rios, Lefort, Mongin, Lucas, Teyssonnières, etc... *Paris, L. Hébert et J. Hetzel, s. d.*, (1885), gr. in-8.

Epreuves sur papier de Hollande.

156. **HUGO** (Victor). Œuvres. *Edition Nationale*. Suite de 185 eaux-fortes.

Collection unique composée des épreuves d'artistes ayant servi à la

fabrication de l'ouvrage, tirées sur papiers blanc, vergé, Chine et Japon
dans des états plus ou moins avancés avec les corrections et bons à tirer
des artistes.

157. **IMAGE** (L'). Revue littéraire et artistique, ornée de
figures sur bois (décembre 1896 à décembre 1897). *Paris,
H. Floury,* 1896-1897, 12 vol. in-4, cart. dos et coins de
mar. bleu, dos ornés de 6 fil. droits et entrelacés, fil. sur les
plats, non rog., planches montées sur onglets, couv. (*Canape*).

Texte de Paul Adam, A. Alexandre, Maurice Barrès, Dayot, Descave,
d'Esparbès, G. Geffroy, E. Goudeau, Clovis Hugues, Lenotre, Pierre Louys,
Paul et Victor Margueritte, G. Montorgueil, J. H. Rosny, Pierre Vebert,
etc...

Illustrations de Q. Auriol, Bracquemond, Cheret, Maurice Denis, Dunki,
de Feure, Gérardin, Grancé, Grasset, Helleu, Jeanniot, Toulouse-Lautrec,
La Gandara, Lepère, Merson, L. Morin, Mucha, Pissaro, Renouard,
H. Rivière, Steinlen, D. Vierge, Vogo, Jean Veber, Willette, etc...

Sous ce titre de « Cartons d'artistes », L'*Image* contient une série de
onze études de Roger Marx consacrées à Hervier, D. Vierge, Jules Cheret,
Th. Ribot, Puvis de Chavannes, A. Rodin, J. F. Millet, E. Carrière, Constantin Guys, Degas et Jongkind.

Exemplaire unique, imprimé sur papier impérial du Japon :
1º Une suite à part, hors texte sur **vieux Japon**, de toutes les
illustrations.

2º Tous les **fumés** des bois en premier état.

3º Les **fumés** de tous les bois refusés.

4º Un **tirage sur Chine** de tous les bois refusés.

5º Les **manuscrits autographes signés** des nouvelles, contes,
poésies, etc., ayant servi à la rédaction de la revue.

6º **Un grand nombre des dessins originaux** des artistes qui ont
collaboré à cette revue.

158. **Leloir** (Louis). La Muse de Molière.

Eau-forte gravée par Champollion.
Epreuve sur **Japon** avant la lettre, avec remarque et **signée au
crayon** par le graveur.

159. **Livre de Croquis**, par MM. Bellangé, Charlet, De-
camps, Isabey, E. Lamy, C. Mozin, Roqueplan, etc... *A
Paris, chez Rittner et à Londres, s. d. (vers* 1830), in-4
oblong, demi-rel. bas. (*Rel. fatiguée*).

60 planches lithographiées en noir.
Recueil des plus intéressants.
Très rare.

160. **PEINTRES-LITHOGRAPHES** (Les). Album trimestriel de lithographies originales et inédites par divers artistes, publié sous la direction de Léonce Benédite. H.-P. Dillon. J. Alboize. *Paris, l'Artiste*, 1892. 4 fascicules infolio, en feuilles.

Fascicules, 2, 3, 4 et 5.
Exemplaire sur **papier du Japon**.

161. **ROPS** (Félicien). L'Amour dominant le monde.

Eau-forte.
Épreuve **avant la lettre, avec remarque**.

162. **Rops** (Félicien). La Dame au Cochon.

Eau-forte en **couleurs**.
Épreuve d'état définitif avec remarque.

163. **Rops** (Félicien). Eritis similes Deo.

Eau-forte en **couleurs**.
Épreuve **avant la lettre, avec remarque**.

164. **Rops** (Félicien). La Foire aux Amours.

Eau-forte en **couleurs**.
Épreuve **avant la lettre** sur **papier du Japon**.

165. **Rops** (Félicien). Impudence.

Eau-forte en **couleurs**.
Épreuve **avant la lettre, avec remarque**.

166. **Rops** (Félicien). Mademoiselle de Maupin.

Eau-forte.
Épreuve sur **Japon avant la lettre**.

167. **Rops** (Félicien). La Mère aux Satyricons.

Eau-forte en **couleurs**.
Épreuve **avant la lettre, avec remarques** sur **papier du Japon**.

168. **Rops** (Félicien). Le Roman d'une nuit.

Eau-forte en **couleurs**.
Épreuve **avant la lettre** sur **papier du Japon**.

169. SOMM (Henry). Aquarelle encadrée.

> Composition à la plume et à l'aquarelle représentant une femme de trois quarts en pied, habillée et partant à la promenade.

170. **Vallet.** Dessin original rehaussé de couleurs, à 3 personnages.

171. **Valloton.** Suite de 10 bois originaux avec la signature de l'artiste au crayon. Encadré.

172. **Voltaire.** Romans. Suite de 11 planches dessinées et gravées à l'eau-forte par Laguillermie. *Paris. D. Jouaust,* s. d., in-4, en feuilles.

> Épreuves sur Japon à toutes marges et avant la lettre.

173. **Watteau.** L'Embarquement pour Cythère.

> Eau-forte en **couleurs** gravée par Bertrand.
> Épreuve sur **Japon** avant la lettre, et **avec remarque** du graveur.

174. **Willette.** Non... 4 francs !

> **Dessin original,** au crayon bleu, à 3 personnages.
> Encadré.

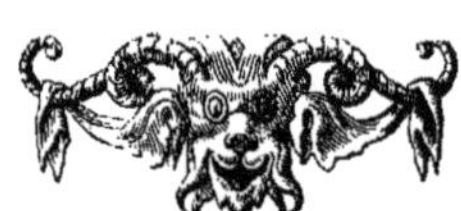

Vient de Paraître

Général Baron de MARBOT

AUSTERLITZ !

1805-1905

Aquarelles de **Alexandre LUNOIS** *gravées en couleurs au repérage par* **Léon BOISSON**

Un beau volume grand in-8 imprimé par LAHURE et BAUCHE
sur papier vélin à la forme
Tirage des gravures par CHARLES WITTMANN

Le 2 Décembre il y a eu un siècle que nos pères remportaient la victoire d'Austerlitz.

Nous avons voulu apporter un modeste tribut à la commémoration de cette journée glorieuse sous forme de publication réellement artistique. C'est dans ce but que nous reproduisons aujourd'hui, avec le plus de luxe possible, quelques pages de cette épopée vécue qui a nom « les Mémoires du Général de Marbot ».

Austerlitz ! est la reproduction de la partie de ces mémoires célèbres consacrée à la campagne entière de 1805, dont cette immortelle victoire ne fut que le brillant couronnement. Le peintre Lunois a voulu se joindre à nous en apportant le concours de son talent si apprécié des Bibliophiles en faisant revivre à leur intention en de vigoureuses eaux-fortes repérées en couleurs les principaux épisodes de la lutte épique soutenue par les armes de Napoléon contre la coalition Austro-Russe et notamment, dans une fort belle planche double, la terrible charge qui acheva la déroute de l'ennemi.

Nous nous en rapportons au jugement éclairé des amateurs de beaux livres et leur remettons, pleins de confiance, le sort de celui-ci, ainsi que l'appréciation des sentiments qui nous ont déterminés à le préparer à leur intention..

TIRAGE UNIQUE :

200 exemplaires numérotés, sur papier vélin. . . **300 fr.**

9 782329 499925